Katharina Giers

Die Sprache Martin Luthers

Ihre Bedeutung für die Entwicklung der deutschen Schriftsprache

GRIN Verlag

Bibliografische Information der Deutschen Nationalbibliothek:

Die Deutsche Bibliothek verzeichnet diese Publikation in der Deutschen National-
bibliografie; detaillierte bibliografische Daten sind im Internet über http://dnb.d-
nb.de/ abrufbar.

Impressum:

Copyright © 2008 GRIN Verlag GmbH
Druck und Bindung: Books on Demand GmbH, Norderstedt Germany
ISBN: 978-3-656-05765-9

Dieses Buch bei GRIN:

http://www.grin.com/de/e-book/114686/die-sprache-martin-luthers

Ernst-Moritz-Arndt-Universität Greifswald
Institut für Deutsche Philologie

Die Sprache Martin Luthers –

Ihre Bedeutung für die Entwicklung der deutschen Schriftsprache

Hausarbeit Nebenfach Deutsche Sprache / im Hauptseminar „Geschichte der Orthographie", Sommersemester 2007

Verfasserin: Katharina Giers

Studiengang: Magister Germanistik, Deutsche Sprache, Erziehungswissenschaften im 8. Semester

Inhaltsverzeichnis

Vorwort

Wer war Martin Luther? Was war das Besondere seiner Zeit? Welche Verdienste für unsere heutige Schriftsprache lassen sich auf ihn zurückführen?

Häufig wird Martin Luther als *die* zentrale Figur der deutschen Sprachentwicklung beschrieben, beinahe glorifiziert, denn erst durch ihn und seine Bibelübersetzung ist eine Vereinheitlichung der deutschen Schriftsprache möglich geworden. Gern möchte ich dies auf den folgenden Seiten expliziter aufzeigen.

Jedoch muss diese Aussage auch differenziert betrachtet werden. Deshalb soll die folgende Arbeit Luthers Sprachschaffen kritisch begutachten und vor allem die Hintergründe, vor welchen die Vereinheitlichung geschah, als zentralen Gegenstand betrachten.

Viele verschiedene Faktoren, zum Teil auch „nur" glückliche Zufälle, trugen zur enormen Resonanz der Bibelübersetzung bei, welche somit als Grundstein für eine vereinheitlichte deutsche Schriftsprache dienen konnte – auch diese finden im Verlauf meiner Arbeit Erläuterung.

Und am Ende soll das Resultat des Zusammenwirkens dieser unterschiedlichen Faktoren dargestellt werden.

Da der Einfluss Luthers auf die Vereinheitlichung der deutschen Schriftsprache Gegenstand dieser Arbeit sein soll, soll gleich darauf hingewiesen werden, dass, wann immer im Folgenden von „Sprache" gesprochen wird, die Schriftsprache gemeint ist.

1 Martin Luther und seine Zeit

Obwohl der Hauptgegenstand dieser Arbeit der Einfluss Luthers auf die deutsche Sprache ist, sollen hier dennoch kurz einige Informationen über die Person Platz zur Erläuterung finden. Diese dienen dem Verständnis von seinem Sprachschaffen und verdeutlichen seine immense Wirkung auf das Volk. Weiterhin soll aufgezeigt werden, welch herausragende Persönlichkeit Martin Luther war.

1.1 Die Person Martin Luther

1.1.1 Luthers Leben und seine Ausbildung

Martin Luther wurde am 10. November 1483 in Eisleben als Sohn des Bauern Hans Luther geboren. Der junge Luther wuchs in einem nüchternen, von Sparsamkeit und Strenge bestimmten Milieu auf. [1]

---

[1] vgl. Fläschendräger, W.: Martin Luther. Bildbibliographie. Leipzig, VEB Bibliographisches Institut 1982 S. 5

„Ich bin eins Baurn Sohn, mein Vater, Großvater, Ahnherr, sind rechte Baurn gewest. Darnach ist mein Vater gen Mansfeld gezogen, und daselbst ein Berghauer geworden."[2]

Sein Vater, selbst Sohn einer Bauernfamilie aus Möhra, wurde später Bergmann, worauf die Familie 1484 nach Mansfeld zog. Der neue Bergmannberuf des Vaters ermöglichte der kleinen Familie ein gewisses Maß an Wohlstand und Lebensstandard.

1497 besuchte Luther das Gymnasium in Magdeburg, wo das Niederdeutsche Unterrichtssprache war.[3]

Ein Jahr darauf wechselte er die Schulen und besuchte die Domschule St. Georg in Eisenach zur Vorbereitung auf ein Universitätsstudium und zur Vertiefung und Lehre der drei Grunddisziplinen (Grammatik, Rhetorik und Dialektik) der „Sieben Freien Künste" des antiken Bildungskanons. [4] An dieser Eisenacher Schule wurde ostmitteldeutsch, also thüringisch, gesprochen. [5]

Luther hatte also schon in seiner Jugend viel Kontakt mit verschiedenen Varietäten des Deutschen, was sich auf sein späteres Leben großflächig auswirken sollte.

Ende April des Jahres 1501 schrieb sich der 18jährige Martin Luther an der Artistenfakultät der Universität Erfurt ein, wo er daraufhin das Studium der „Sieben Freien Künste" aufnahm.

„Sicherlich ist hier auch ausführlich in Quintilian eingeführt worden. […] die Beachtung des ‚aptum' [und] die Rücksicht auf die Adressaten." [6] Diese Lehren sollten von nun an das gesamte literarische Schaffen Luthers prägen.

An der Universität kam Luther auch in Berührung mit der geistigen Strömung des Humanismus. Seine Kommilitonen nannten ihn wegen seines Schafsinns und seiner Schlagfertigkeit in Disputationen scherzhaft-liebenswürdig „Philosoph".[7]

Im Januar 1505 promovierte Martin Luther zum Magister und begann auf Drängen seines Vaters das Studium der Rechte, welches er jedoch bald abbrach um Mönch zu werden.

Noch im gleichen Jahr löste Luther sein Gelübde ein und wurde ein Novize der Augustiner – nachdem er durch eine Druckwelle eines Gewitters zu Boden geworfen war und in Todesangst rief: „Hilf, heilige Anna, ich will Mönch werden.".[8]

---

[2] zit. nach Fläschendräger, W.: Martin Luther. Bildbibliographie. Leipzig, VEB Bibliographisches Institut 1982 S. 5

[3] vgl. Besch, W.: Die Rolle Luthers in der deutschen Sprachgeschichte: vorgetragen am 7. November 1998 / Werner Besch. Heidelberg, Universitätsverlag C. Winter 1999, S. 6

[4] vgl. Fläschendräger, W.: Martin Luther. Bildbibliographie. Leipzig, VEB Bibliographisches Institut 1982, S. 6-7

[5] vgl. Besch, W.: Die Rolle Luthers in der deutschen Sprachgeschichte: vorgetragen am 7. November 1998 / Werner Besch. Heidelberg, Universitätsverlag C. Winter 1999, S. 6-7

[6] Killy, W. (Hrsg.): Literaturlexikon. Autoren und Werke deutscher Sprache. Gütersloh / München, Bertelsmann Lexikon Verlag 1990; S. 403

[7] vgl. Fläschendräger, W.: Martin Luther. Bildbibliographie. Leipzig, VEB Bibliographisches Institut 1982 S. 7-9

1506 legte der junge Novize des Augustinerordens die üblichen Mönchsgelübde ab – Armut, Keuschheit und Gehorsam gegenüber den Ordensoberern -, empfing 1507 im Erfurter Dom die Priesterweihe, hielt bald darauf in der Augustinerkirche seine erste Messe und begann am Erfurter Generalstudium der Augustiner-Eremiten das Studium der Theologie.

Im Auftrag des Ordens wurde Luther 1508 erstmals nach Wittenberg geschickt, um an der dortigen Universität den Lehrstuhl für Moralphilosophie zu besetzen.

Sein Theologiestudium beendete er 1509 mit der Promotion zum Baccalaureus biblicus sowie der darauf folgenden Promotion zum Doktor der Theologie im Jahr 1511.[9] Um diesen Doktortitel finanzieren zu können, verpflichtete sich Luther zeitlebens die Lectura in der Bibel-Exegese zu unterrichten.

1525 heiratete Martin Luther Katharina von Bora, eine ehemalige Nonne des Zisterzienserinnenkloster Nimbschen bei Grimma, die ihm drei Söhne und drei Töchter gebar.

Im Gebäude des einstigen schwarzen Klosters der Augustiner zu Wittenberg, das ihm der derzeitige Kurfürst schenkte, führte Luther ein bürgerliches Leben – er war durchaus wohlhabend, aber nicht reich und nahm mehrere Waisenkinder, einige Verwandte, verschiedene studentische Kostgänger und auswärtige Besucher in sein Haus auf.

Zeit seines Lebens kämpfte er gegen das Papsttum und war einer der größten Reformatoren seiner Zeit.

Auf einer Reise in die Heimat verstarb Luther am 18. Februar 1546, schon lange von schmerzhaften Krankheiten gequält in seiner Geburtsstadt Eisleben.[10]

Johann Gottfried Herder fasste 1793 Luthers Persönlichkeit wie folgt zusammen:

„Luther war ein patriotischer großer Mann. Als Lehrer der deutschen Nation, ja als Mitreformer des ganzen jetzt aufgeklärten Europa ist er längst anerkannt; auch Völker, die seine Religionssätze nicht annehmen, genießen seiner Reform Früchte. Er griff den geistlichen Despotismus, der alles freie, gesunde Denken aufhebt oder untergräbt, als ein wahrer Herkules an und gab ganzen Völkern, uns zwar zuerst in den schwersten, den geistlichen Dingen, den Gebrauch der Vernunft wieder. Die Macht seiner Sprache und seines biederen Geistes vereinte sich mit den Wissenschaften, die von und mit ihm auflebten, vergesellschaftete sich mit den Bemühungen der besten Köpfe in allen Ständen, die zum Teil

[8] zit. nach Fläschendräger, W.: Martin Luther. Bildbibliographie. Leipzig, VEB Bibliographisches Institut 1982, S. 12

[9] vgl. Fläschendräger, W.: Martin Luther. Bildbibliographie. Leipzig, VEB Bibliographisches Institut 1982, S. 8-14

[10] vgl. Fläschendräger, W.: Martin Luther. Bildbibliographie. Leipzig, VEB Bibliographisches Institut 1982, S. 63 - 76

sehr verschieden von ihm dachten; so bildete sich zuerst ein populares literarisches Publikum in Deutschland und in den angrenzenden Ländern."[11]

1.1.2 Das literarische Schaffen Martin Luthers

Martin Luther war ständig mit den gesellschaftlichen Problemen seiner Zeit konfrontiert und daraus resultierte in seinem Inneren ein zunehmender Autoritätsschwund der Kirche und es entwickelte sich ein eigenes Kircheverständnis. Luther kehrte sich ab von den Lehren der katholischen Kirche und verbreitete seine eigene „Rechtfertigungslehre", die auf der Auffassung beruhte, dass der sündige Mensch die Gnade Gottes allein durch den Glauben erlangen könne. Die Heilige Schrift wurde von nun an zum Ausgangs- und ständigen Mittelpunkt von Luthers theologischem Denken und praktischem Wirken und er versuchte sich an der Formung einer religiösen Ideologie, die alle Klassen und Schichten ansprechen sollte.[12]

1514 blühte in Deutschland der Ablasshandel um den Bau der Peterskirche in Rom zu finanzieren. Es wurde zu einem florierenden Geschäft und einer der erfolgreichsten Händler der „Heiligen Ware" war der geschäftstüchtige Dominikanermönch Johann Tetzel. Luther war entschieden gegen diesen Ablasshandel und formulierte aus seelsorgerischer Verantwortung und persönlich religiöser Motivation heraus in lateinischer Sprache 95 Thesen über Ablass und Gnade, mit denen er als Doktor der Theologie und Professor zu einem akademischen Streitgespräch auffordern wollte.[13] Ein Plakat wurde am 31. Oktober 1517 an das Portal der Schlosskirche in Wittenberg geheftet[14]. Diese Thesen gelten noch heute als eine der wohl wichtigsten und populärsten Publikationen Luthers – es gab in den Folgejahren unzählige Nachdrucke und Übersetzungen.

Es folgten viele Briefe und Lieder die den Streit um den Ablasshandel beinhalteten.

Im Streit mit der katholischen Kirche schrieb Luther bis zu seinem Tod 467 Einzelschriften verschiedenen Umfangs, immer wieder überarbeitete Bibelübersetzungen sowie Lieder. Hinzu kommen 2500 Briefe und über 2000 Predigten. Ein Viertel seiner Texte schrieb Luther in der lateinischen Sprache und hinzu kommen noch Texte, die er vom Lateinischen ins Deutsche und umgekehrt übersetzte.[15]

---

[11] zit. nach Fläschendräger, W.: Martin Luther. Bildbibliographie. Leipzig, VEB Bibliographisches Institut 1982, S. 5

[12] vgl. Fläschendräger, W.: Martin Luther. Bildbibliographie. Leipzig, VEB Bibliographisches Institut 1982, S. 17-18

[13] vgl. Fläschendräger, W.: Martin Luther. Bildbibliographie. Leipzig, VEB Bibliographisches Institut 1982, S. 21

[14] vgl. Fläschendräger, W.: Martin Luther. Bildbibliographie. Leipzig, VEB Bibliographisches Institut 1982, S. 21

[15] vgl. Killy, W. (Hrsg.): Literaturlexikon. Autoren und Werke deutscher Sprache. Gütersloh / München,

Hier sollen Luthers wichtigste Werke kurz genannt werden:

Um 1520 entstehen pragmatische Reformationsschriften wie „Von den guten Werken", „An den christlichen Adel deutscher Nation", „Von der Freiheit eines Christenmenschen" und „De captivitas Babylonica ecclesiae".

1522 wird die Übersetzung des Neues Testaments, auch genannt „September-Testament" fertig gestellt.

Im Jahr darauf entstehen viele geistliche Lieder, mitunter: „Das Neue Lied" und „Eine feste Burg".

Weiterhin ist hier die Entstehung seines Sermons „Wider die räuberischen und mörderischen Rotten der Bauern" 1525 zu nennen sowie seines bekannten Sendbriefes (1530) „Sendbrief vom Dolmetschen".[16]

„Luther war konsequent ein Prosaautor, der das poetische Element für seine Wirkungsabsichten nicht benötigte [und] sich absichtlich konventioneller Formen bediente: des Traktats in Latein [und] Deutsch, der Erörterung, Abhandlungen von Themen, Problemen, Vorgängen […]; des Sermons, einer [schriftlichen] Fixierung der eigentlichen [mündlichen] Redegattung der Predigt und Oratio […]; gelegentlich begegnet das Sendschreiben; […] Außerdem schrieb er Postillen, Liturgica, Kommentare [und] Disputationen."[17]

Entscheidend für den Einfluss der Literatur Luthers war es, dass eben Martin Luther sie schrieb und veröffentlichte, er, der die Nation schon bevor er sich in ihrer Sprache literarisch an sie wendete, durch seine 95 Thesen mit sich fortgerissen hatte, nicht durch den Inhalt derselben im einzelnen, sondern durch den Gedanken, „welcher bei Luthers erstem Auftreten das ganze deutsche Volk durchzitterte, dass es endlich einer gewagt, ‚der Katze die Schellen anzubinden'."[18]

1.2   Die Sprachsituation Anfang des 16. Jahrhunderts in Deutschland

Das Thema Luther führt in das 16. Jahrhundert. In diesem Jahrhundert werden auch die Grundlagen für unsere neuhochdeutsche Schriftsprache gelegt und nicht schon wesentlich

Bertelsman Lexikon Verlag 1990; S. 405
[16] vgl. Killy, W. (Hrsg.): Literaturlexikon. Autoren und Werke deutscher Sprache. Gütersloh / München, Bertelsman Lexikon Verlag 1990; S. 406-408
[17] Killy, W. (Hrsg.): Literaturlexikon. Autoren und Werke deutscher Sprache. Gütersloh / München, Bertelsman Lexikon Verlag 1990; S. 405
[18] Pietsch, P.: Martin Luther und die hochdeutsche Schriftsprache. In: Wolf, H. (Hrsg.): Luthers Deutsch. Sprachliche Leistung und Wirkung. Frankfurt am Main / Berlin / Bern / New York / Paris / Wien, Peter Lang Europäischer Verlag der Wissenschaften 1996, S. 63

früher, wie lange angenommen. Luther ist mit seinem Wirken ganz offensichtlich einbezogen in die Grundlegung einer überregionalen deutschen Schriftsprache. [19]

Doch wie war die sprachliche Situation zu Zeiten Luthers?

Ab dem 14. Jahrhundert gewannen Städte an immer größer werdender Bedeutung – es entstand die neue Schicht der Bürger und die Städte wurden kulturelle Zentren für Verwaltung, Bildung und Kultur. Es wurden Universitäten gegründet und an Elementarschulen Schreibunterricht angeboten. So entstand nun eine neue Mittelschicht, die als Lesepublikum agierte, auch wenn der Großteil der Bevölkerung Analphabeten blieben.

Aus dem Tod Friedrich II. (1250) resultierte eine landschaftliche und kulturelle Zersplitterung des gesamten Reichsgebietes. Die einzelnen Territorien wurden immer selbstständiger und es kam zu der Entwicklung einzelner kleiner Fürstentümer. Durch diese neue Selbstständigkeit kam es auch, dass jedes Land an seinen Sprachgewohnheiten festhielt und beharrte.

Zu Beginn der 16. Jahrhunderts war die sprachliche Situation in Deutschland, in die Luther hineingeboren wurde, sprachgeographisch dadurch gekennzeichnet, dass mehrere Schriftsprachen, teils mit großräumiger territorialer Geltung, teils mit kleineren Geltungsbereichen, nebeneinander bestanden, die jeweils auf bestimmten Dialekten als Basis aufbauten. Unter ihnen dominierten das Ostmitteldeutsche, das als Schriftsprache in Sachsen, Thüringen, Schlesien, Teilen Böhmens und im Ordensgebiet galt, sowie das Oberdeutsche, das, auf süddeutschen Dialekten aufbauend, in Bayern, Österreich, Schwaben und Oberfranken geschrieben wurde. [20]

Deutschland hatte so viele Dialekte, sagt Luther in einer Tischrede, „[…] dass die Leute in 30 Meilen Weges einander nicht wol können verstehen."[21]

Regionalität ist dominant - in ihrem ganzen Ausmaß heute überhaupt nicht mehr vorstellbar. Dies gilt natürlich insbesondere für die gesprochene Sprache – aber auch die großräumigere geschriebene Volkssprache ist noch durchaus regional gebunden. „Texte mussten [sogar] von einer landschaftlichen Schreibsprache in die andere ungeschrieben oder gar übersetzt werden, wenn der sprachliche Abstand zu groß war, etwa zum Niederdeutschen hin."[22]

Doch war die frühneuhochdeutsche Zeit auch eine Zeit des Übergangs. Erste Tendenzen einer sprachlichen Einigung wurden deutlich – geprägt durch ganz unterschiedliche Einflüsse:

---

[19] vgl. Besch, W.: Die Rolle Luthers in der deutschen Sprachgeschichte: vorgetragen am 7. November 1998 / Werner Besch. Heidelberg, Universitätsverlag C. Winter 1999, S. 7

[20] Schildt, J.: Die Sprache Luthers – Ihre Bedeutung für die Entwicklung der deutschen Schriftsprache. In: Vogler, G. (Hrsg.): Martin Luther. Leben. Werk. Wirkung. Berlin, Akademie-Verlag 1983, S. 308

[21] zit. nach Besch, W.: Die Rolle Luthers in der deutschen Sprachgeschichte: vorgetragen am 7. November 1998 /Werner Besch. Heidelberg, Universitätsverlag C. Winter 1999,, S. 7

[22] Besch, W.: Die Rolle Luthers in der deutschen Sprachgeschichte: vorgetragen am 7. November 1998 / Werner Besch. Heidelberg, Universitätsverlag C. Winter 1999, S. 8

große Kanzleien siedeln sich in Städten an, Handelsinteressen, Erfindung und Durchsetzung des Buchdrucks und schließlich die Bibelübersetzung Luthers.

Die beiden großräumig gültigen Schriftsprachen hatten seit der zweiten Hälfte des 15. Jahrhunderts begonnen, sich in der Sprachstruktur einander anzunähern, aufbauend darauf, dass die großen Kanzleien aufgrund von Handelsbeziehungen und Verwaltung vermieden, regionale Merkmale zu fördern, um auch im größeren Umkreis noch verstanden zu werden. Dennoch blieb eine Reihe sprachlicher Erscheinungen auf allen Ebenen des Sprachsystems weiterhin erhalten.

Außerhalb dieses Ausgleichsprozesses stand der niederdeutsche Norden; hier hatte sich, gebunden an den Handels- und Städtebund der Hanse, eine eigenständige Schriftsprache auf niederdeutscher Basis entwickelt.[23]

Die deutsche Schriftsprache dieser Zeit hatte sich, funktional betrachtet, in vielen Bereichen gegenüber dem Lateinischen durchgesetzt. Sie fand in der Dichtung genauso Verwendung wie in Urkunden, im Geschäftsverkehr oder in den Kanzleien; so bediente sich die kaiserliche Kanzlei in Wien der oberdeutschen Schriftsprache, die kursächsische Kanzlei in Wittenberg der ostmitteldeutschen.

Seit Erfindung der beweglichen Lettern trug auch der Buchdruck, der alles druckte, was finanziell gut abgesetzt werden konnte, dazu bei, dass sich die deutsche Schriftsprache weitere funktionale Bereiche eroberte – das forderte auch den Ausgleichprozess zwischen den vielen verschiedenen Dialekten.

Jedoch blieb die in der Wissenschaft die Domäne des Lateinischen beibehalten.[24]

Das 16. Jahrhundert war also ein Jahrhundert des Umbruchs und Ausgleichs, was eindeutig die Annäherung der beiden großen Sprachvariationen aufzeigt.

1.3 Luthers günstige Ausgangsbedingungen

Bisher fanden die wichtigsten Eckdaten Luthers Leben sowie seine sprachzeitliche Einordnung Erwähnung. Nun soll das Augenmerk auf dem Einfluss, den Luther mit seiner Bibelübersetzung auf die deutsche Sprache hatte, liegen. Da Luther in einer Übergangszeit angesiedelt werden kann, hatte er mit seiner Bibelübersetzung so viel Einfluss wie kein

---

[23] vgl. Schildt, J.: Die Sprache Luthers – Ihre Bedeutung für die Entwicklung der deutschen Schriftsprache. In: Vogler, G. (Hrsg.): Martin Luther. Leben. Werk. Wirkung. Berlin, Akademie-Verlag 1983, S. 307 - 309
[24] vgl. Schildt, J.: Die Sprache Luthers – Ihre Bedeutung für die Entwicklung der deutschen Schriftsprache. In: Vogler, G. (Hrsg.): Martin Luther. Leben. Werk. Wirkung. Berlin, Akademie-Verlag 1983, S. 307 - 309

anderer seiner Zeit auf die Vereinheitlichung der deutschen Sprache. Doch erst das Zusammenspiel mehrerer Faktoren lässt die Bibelübersetzung so populär werden.

Denn nicht Luthers Sprachmächtigkeit allein, „selbst im unbestrittenen Format eines Luther, hätte in damaliger Zeit weder die Reformation vorangebracht noch die räumlichen Barrieren der deutschen Sprache überwunden. Es mussten ganz offensichtlich generelle, vor allem aber zeittypisch einmalige Gegebenheiten zusammentreffen, um zu ermöglichen, dass sich im 16. Jahrhundert so umstürzend Neues für die Kirche und für die deutsche Sprache entwickeln konnte."[25]

Hierzu möchte ich nun im Folgenden meiner Ausführungen kommen.

1.3.1 Luthers sprachliche Herkunft

Eine günstige Vorraussetzung ist die geographische Mittellage der Herkunft Luthers – das bedeutet auch eine sprachgeographische Mittellage zwischen Nord und Süd des ausgedehnten Sprachgebietes. „Luther in Kiel oder in Konstanz hätte sich sprachlich schwergetan, wäre wahrscheinlich gescheitert. Das mittlere Deutschland hatte Brückenfunktion, das östliche Mitteldeutsche in sprachlicher Hinsicht damals noch mehr als das westliche."[26]

Ohne die sprachgeschichtliche Entwicklung im obersächsisch-meißnischen Raum, wäre Luthers Lebenswerk überhaupt nicht denkbar. Sie hat seine eigene sprachliche Leistung vorbereitet und im Grunde erst ermöglicht. Keine andere Sprachlandschaft konnte in jener Zeit einem werdenden Schriftsteller so gute Voraussetzungen für sein Schaffen bieten, wie gerade das ostmitteldeutsche Neuland, Luthers Geburtsland und seine Heimat.[27]

All die Städte, mit deren Namen Luthers Leben und Wirken so eng verknüpft sind (Eisleben, Eisenach, Magdeburg, Erfurt, Wittenberg), lagen im damaligen Herrschaftsbereich der Wettiner und gehörten – was noch wichtiger ist – ein und derselben sprachlichen Großlandschaft an, wobei jede Stadt für sich jedoch wieder ihr sprachliches Eigenleben führte.[28] So herrschte zum Beispiel in Mansfeld und Eisenach (s. 1.1.1.), also in den Städten, in denen der junge Luther aufgewachsen ist, ein starker niederdeutscher Einfluss - genauso wie auch in Wittenberg, seiner späteren Seinsstätte. Im westthüringischen Eisenach jedoch, wo Luther später das Gymnasium besuchte, waren vermehrt westmitteldeutsche Einschläge zu finden.[29] Da zeugt es von enormer gemeinsprachlicher Tendenzen im thüringerisch-

---

[25] Besch, W.: Die Rolle Luthers in der deutschen Sprachgeschichte: vorgetragen am 7. November 1998 / Werner Besch. Heidelberg, Universitätsverlag C. Winter 1999, S. 8

[26] Besch, W.: Die Rolle Luthers in der deutschen Sprachgeschichte: vorgetragen am 7. November 1998 / Werner Besch. Heidelberg, Universitätsverlag C. Winter 1999, S. 11

[27] vgl. Arndt, E.: Luthers deutsches Sprachschaffen. Berlin, Akademie-Verlag 1962, S. 93 - 96

[28] vgl. Arndt, E.: Luthers deutsches Sprachschaffen. Berlin, Akademie-Verlag 1962, S. 95

[29] vgl. Arndt, E.: Luthers deutsches Sprachschaffen. Berlin, Akademie-Verlag 1962, S. 95-96

obersächsichen Raum, dass Luther keiner dieser engeren Stadt- und Landmundarten bis in alle Einzel- und Besonderheiten hinein folgte, sondern dass er eng Mundartliches vermied oder ablegte und sich dem in diesem Gebiet allgemeingeläufigen Sprachgebrauch anschloss.[30] Luther kam in seinem Leben mit vielen unterschiedlichen Varietäten des Deutschen in Berührung und bemerkte bei seiner Beschäftigung mit Sprache, dass es notwendig war, regionale Merkmale abzulegen, um in einem größeren Umfeld verstanden zu werden. So beschreibt er in einer seiner vielzitierten Tischreden: „Ich habe keine gewisse, sonderliche, eigene Sprache im Deutschen, sondern brauche der gemeinen deutschen Sprache, dass mich beide, Ober- und Niederländer verstehen mögen. Ich rede nach der sächsischen Canzeley, welcher nachfolgen alle Fürsten und Könige in Deutschland; alle Reichsstädte, Fürsten-Höfe schreiben nach der sächsischen und unsers Fürsten Canzeley, darum ists auch die gemeinste deutsche Sprache."[31]

Hier kommt ein wichtiger Punkt zur Sprache: Luther schuf keine Sprachform, sondern bediente sich der der sächsischen Kanzlei. Es gibt also keine gesonderte „Luthersprache" – die Sprache Luthers zeichnet sich eher durch seine herausragende Rhetorik, seinen Ausdruck und seinen Wortschatz aus, ist jedoch keine neue und eigenständige Sprachform[32].

1.3.2 Die Verbreitung des Buchdrucks

Eine weitere günstige Voraussetzung für Luthers Bibelübersetzung ist der aufkommende Buchdruck. Dieser wurde 1440 von Johannes Gutenberg erfunden und es dauerte noch etwa 50 Jahre bis die Technik so weit ausgereift war, dass Bücher erschwinglich wurden. Zu Martin Luthers Publikationszeit war diese Phase bereits geschehen. Es entstand erstmalig so etwas wie Öffentlichkeit[33] - „der kleine Mönch aus Wittenberg wird gleichsam über Nacht ein Mann der Öffentlichkeit".[34] Und genau jene Öffentlichkeit wird für Luther zum lebensrettenden Schutz vor der allmächtigen Kirche. Martin Luther und der Buchdruck machten es den Gegnern schwer, da eine breite Massenproduktion viele Bürger erreichte und die bisherigen Waffen gegen ‚Ketzer' stumpf machte.[35]

---

[30] vgl. Arndt, E.: Luthers deutsches Sprachschaffen. Berlin, Akademie-Verlag 1962, S. 96 - 101
[31] zit. nach Arndt, E.: Luthers deutsches Sprachschaffen. Berlin, Akademie-Verlag 1962, S. 96
[32] vgl. Besch, W.: Die Rolle Luthers in der deutschen Sprachgeschichte: vorgetragen am 7. November 1998 / Werner Besch. Heidelberg, Universitätsverlag C. Winter 1999, S. 12-13
[33] vgl. Besch, W.: Die Rolle Luthers in der deutschen Sprachgeschichte: vorgetragen am 7. November 1998 / Werner Besch. Heidelberg, Universitätsverlag C. Winter 1999, S. 11
[34] Besch, W.: Die Rolle Luthers in der deutschen Sprachgeschichte: vorgetragen am 7. November 1998 / Werner Besch. Heidelberg, Universitätsverlag C. Winter 1999, S. 11
[35] vgl. Besch, W.: Die Rolle Luthers in der deutschen Sprachgeschichte: vorgetragen am 7. November 1998 / Werner Besch. Heidelberg, Universitätsverlag C. Winter 1999, S. 11

Ein Beispiel für die neu entstandene Öffentlichkeit: Als Luther im September 1522 seine Übersetzung des Neuen Testaments veröffentlichte, wurden 3000 Exemplare gedruckt. Schon im Dezember musste die erste Neuauflage erscheinen.[36] Eine solch extreme Massenproduktion wäre ohne die Etablierung des Buchdrucks nie möglich gewesen und Luther hätte nie einen solch gravierenden Einfluss auf die Vereinheitlichung der deutschen Schriftsprache haben können.

1.3.3 Kirchenpolitik

Weiterhin begünstigt die allgemeine Klage über die kirchenpolitischen Zustände der Zeit den großen Wandel bestärkt durch Martin Luther. Luthers Ideen und Theorien, wie zum Beispiel die Entdeckung des Individuums in seiner persönlichen Verantwortung vor Gott, fanden großen Anklang im Volk. Revolutionäre Schriften wie die 1520 veröffentlichte „Von der Freiheit eines Christenmenschen" müssen zu jener Zeit eine unsagbare Sprengkraft gehabt haben[37].

Die Bibel galt von nun an als „Grundgesetz eines freien Christenmenschen", als „Adelsbrief des bisher eher verachteten und unterdrückten ‚gemeinen' Mannes."[38]

Die negativen kirchenpolitischen Zustände und der verstärkte Ablasshandel wirken sich immens auf Luthers Einfluss auf die Vereinheitlichung der deutschen Sprache aus. Sie begünstigen den Kauf Luthers Schriften und das „Anhören" seiner Ideen.

2 Sprache

Luther war zweisprachig – was auch vollkommen seiner Zeit entsprach, in der das Lateinische einen hohen Stellenwert hatte. Ein Viertel seiner Texte verfasste Luther in Latein und wählte seine Sprache für jeden Text sehr sorgfältig aus. Für ihn galt es häufig Universal- und Nationalsprache zu unterscheiden – wandte er sich an die europäischen Gelehrten, wählte er Latein und wollte er das Volk ansprechen, wählte er die Nationalsprache.

2.1 Luthers Einordnung in die Schriftlichkeit seiner Zeit

An dieser Stelle möchte ich die vorherige Behauptung aufgreifen, dass es keine spezielle „Luthersprache" in Orthographie und Flexion gab. Luther war in die Vereinheitlichung der deutschen Schriftsprache eingebunden, aber nicht herausgehoben.

---

[36] vgl. Besch, W.: Die Rolle Luthers in der deutschen Sprachgeschichte: vorgetragen am 7. November 1998 / Werner Besch. Heidelberg, Universitätsverlag C. Winter 1999, S. 9 - 13
[37] vgl. Besch, W.: Die Rolle Luthers in der deutschen Sprachgeschichte: vorgetragen am 7. November 1998 / Werner Besch. Heidelberg, Universitätsverlag C. Winter 1999, S. 12
[38] Besch, W.: Die Rolle Luthers in der deutschen Sprachgeschichte: vorgetragen am 7. November 1998 / Werner Besch. Heidelberg, Universitätsverlag C. Winter 1999, S. 12

Um diese These zu belegen, möchte ich kurz auf die Druckpraxis in Wittenberg aufmerksam machen. Den Lutherdrucken kommt dort kein Sonderstatus zu. Allerdings bewirkt die Würde des Bibeltextes späterhin mehr Sorgfalt und Konsequenz im orthographischen Gebrauch.[39] Prüft man die Schreibpraxis in Wittenberg, so sind Luthers handschriftliche Texte in seine Umgebung einzuordnen, nicht überzuordnen. In seinen Anfangsjahren bleibt er sogar unter dem orthographischen Schreibstand von Universität und Kirche. Als dritte Größe ist die Kürsächsische Kanzleisprache vergleichend in den Blick zu nehmen. Wittenberg gehört in den Kursächsischen Machtbereich und Luther bezieht sich in einer bereits zuvor zitierten Tischrede selbst auf die sächsische Kanzlei. [40]

Um 1500 kommt es zu einer Zurückdrängung dialektal-regionaler Schreibvarianten ostmitteldeutscher Herkunft sowie zu einer Reduzierung von Sprachformen aus mittelhochdeutscher Zeit. Süddeutsche Einflüsse jedoch nehmen mehr und mehr zu. „Es deutet sich in ersten Umrissen eine Art ostmitteldeutsch/ostoberdeutsche Schreiballianz an. […] Man darf sich da keine Einheit vorstellen, aber eine schreibsprachliche Annäherung über die Grenze Mitteldeutsch/Oberdeutsch hinweg, insbesondere im östlichen Teil."[41]

Luther selbst profitiert von dieser Schreiballianz, die ihm als entscheidende Ausgangsbasis für sein sprachliches Wirken diente. Die Basis des weiteren Sprachgeschehens hat sich also mehr nach Osten verlagert, weg vom deutschen Südwesten.

2.2 Übersetzungspraxis

„Luther ist der erste deutsche Schriftsteller, der in ernster Arbeit die Muttersprache mit sorgsamer Liebe und wahrem Ernst behandelt. Er studiert die Sprache seines Volkes, weil er sieht, dass nur in der Volkssprache wahre Volksbildung gedeihen könne. Eine Verinnerlichung des religiösen Lebens konnte er nur mit Hilfe der Muttersprache erreichen. Solange das Latein im Gottesdienst vorherrscht, ist eine Wiedergeburt der Volksseele nicht zu erwarten. Nur der Bruch mit dem Latein kann zu den Quellen des Evangeliums zurückführen, aber die Muttersprache muss unser Volk zur Bibel erziehen. So entsteht die die deutsche Bibel, so der deutsche Gottesdienst."[42]

---

[39] vgl. Besch, W.: Die Rolle Luthers in der deutschen Sprachgeschichte: vorgetragen am 7. November 1998 / Werner Besch. Heidelberg, Universitätsverlag C. Winter 1999, S. 12
[40] vgl. Besch, W.: Die Rolle Luthers in der deutschen Sprachgeschichte: vorgetragen am 7. November 1998 / Werner Besch. Heidelberg, Universitätsverlag C. Winter 1999, S. 12 - 14
[41] Besch, W.: Die Rolle Luthers in der deutschen Sprachgeschichte: vorgetragen am 7. November 1998 / Werner Besch. Heidelberg, Universitätsverlag C. Winter 1999, S. 14
[42] Kluge, F.: Luthers sprachgeschichtliche Stellung. In: Wolf, H. (Hrsg.): Luthers Deutsch. Sprachliche Leistung und Wirkung. Frankfurt am Main / Berlin / Bern / New York / Paris / Wien, Peter Lang Europäischer Verlag der Wissenschaften 1996, S. 49

Luthers Bibelübersetzung gilt als ein Meilenstein in der deutschen Sprachgeschichte. Im Folgenden möchte ich nun erläutern, was an dieser Übersetzung als Besonders hervorgehoben werden sollte.

2.2.1 Die Sprache des „gemeinen" Mannes

Luther arbeitete nach einer eigenwilligen und besonderen Übersetzungsphilosophie, in dem er nicht Wort-für-Wort-Übersetzungen anfertigte, sondern die Sprache des „gemeinen" Mannes in den Vordergrund rückte.

So schrieb Luther in seinem „Sendbrief vom Dolmetschen": „Als wenn Christus spricht: <Ex abundantia cordis os loquitur.> Wenn ich den Eseln sol folgen, die werden mir die buchstaben furlegen und also dolmetzschen: <Auß dem Vberflus des hertzen redet der mund.> Sage mir, Ist das deutsch geredt? Welcher deutsche versteht solchs? […] sondern also redet die mutter ym haus vnd der gemeine man: <Wes das hertz vol ist, des gehet der mund vber>, das heist gut deutsch geredt, des ich mich geflissen vnd leider nicht all wege erreicht noch troffen habe, Denn die lateinischen buchstaben hindern aus der massen seer, gut deutsch zu reden."[43]

Bewusst und gezielt hat Martin Luther bei seinem äußerst unfangreichen literarischen Schaffen Allgemeinverständlichkeit und Volkstümlichkeit angestrebt und deshalb stets dem Volk „auff das maul gesehen".[44]

Sein Wortschatz, seine Wortschöpfungen und sein Sprachstil erfuhren wesentlich Impulse nicht allein durch die Kanzleisprache, sondern auch und vor allem durch die Sprache des Volkes, ihrer plastische Bildhaftigkeit und erfrischende Direktheit.[45]

Luther versuchte also bei seinen Übersetzungen darauf zu achten, von den Bürgern und dem gesamten Volk verstanden zu werden, von der „Mutter im Haus" genauso wie von dem „gemeinen Mann". Wenn Luther von diesem „gemeinen Mann" spricht, meint er den „ungelehrten Menschen".[46]

Vor Luther wurden Bibeltexte zumeist in Latein veröffentlicht oder aber in deutschen Wort-für-Wort-Übersetzungen, die nur ein Lateinkundiger verstehen konnte und die dazu dienen sollten, das Verständnis für den lateinischen Text zu vertiefen.

---

[43] zit. nach Berger, A. E.: Grundzüge evangelischer Lebensformung, Nach ausgewählten Schriften Martin Luthers. Leipzig, Niemeyer Verlag 1930, S. 277

[44] zit. nach Fläschendräger, W.: Martin Luther. Bildbibliographie. Leipzig, VEB Bibliographisches Institut 1982, S. 51

[45] vgl. Fläschendräger, W.: Martin Luther. Bildbibliographie. Leipzig, VEB Bibliographisches Institut 1982, S. 49 - 54

[46] vgl. Kluge, F.: Luthers sprachgeschichtliche Stellung. In: Wolf, H. (Hrsg.): Luthers Deutsch. Sprachliche Leistung und Wirkung. Frankfurt am Main / Berlin / Bern / New York / Paris / Wien, Peter Lang Europäischer Verlag der Wissenschaften 1996, S. 48 - 52

Doch Luther wollte etwas ganz Neues schaffen – er wollte „die unverständliche Büchersprache durch eine neue, dem täglichen Leben abgelauschte, darum lebendige und gemeinverständliche Sprache"[47] verdrängen.

Und so schuf er eine wirklich deutsche Fassung der Bibel, losgelöst vom Lateinischen Urtext und für die Gesamtbevölkerung verständlich, gespickt mit plastischen Redensarten und Sprichwörtern.[48]

Mit „die lateinischen buchstaben hindern aus der massen seer, gut deutsch zu reden" meinte Luther, dass es oft sehr schwierig wäre, eine allgemein verständliche und gut klingende Übersetzung aus dem Lateinischen zu finden. Denn die Übersetzung verleitet häufig dazu, die vorgefunden komplizierten Satz- und Syntaxstrukturen zu übernehmen. Diese Praxis würde jedoch das Verstehen im Deutschen behindern und die typisch lateinische Wortstellung könnte in der Übersetzung zu unbeabsichtigten Missverständnissen führen. Im „Sendbrief vom Dolmetschen" wies Luther auf diese Schwierigkeit hin: „Ich habe mich des geflissen ym dolmetzschen, das ich rein und klar teutsch geben möchte, Vnd ist vns wol offt begegnet das wir viertzehen tage, drey, vier wochen haben ein eyniges wort gesucht vnd gefragt, habens dennoch zu weilen nicht funden."[49]

Doch trotz allen vorherrschenden Schwierigkeiten ist es Martin Luther gelungen, eine deutsche Bibelübersetzung zu schaffen, die das Volk verstehen konnte und welche bis heute noch eine immense Popularität besitzt.

2.2.2 Einfachheit

Luther wollte mit seiner Sprache das Volk ansprechen, was natürlich eine gewisse Notwenigkeit von Einfachheit voraussetzte. Nur einfache Satz- und Syntaxstrukturen konnten Anklang finden. „Einfach" soll keineswegs wertend verstanden werden – sondern lediglich beschreiben, dass die Strukturen nicht allzu komplex und lang waren.

Das von Luther angesprochene Publikum orientierte sich hauptsächlich an der gesprochenen Sprache und so musste auch die Bibel mit einer hörerorientierten Syntax aufwarten. Auch kurze, prägnante Sätze, so unverschachtelt wie möglich, konnten punkten. Luther versuchte

---

[47] vgl. Schildt, J.: Die Sprache Luthers – Ihre Bedeutung für die Entwicklung der deutschen Schriftsprache. In: Vogler, G. (Hrsg.): Martin Luther. Leben. Werk. Wirkung. Berlin, Akademie-Verlag 1983, S. 308

[48] vgl. Kluge, F.: Luthers sprachgeschichtliche Stellung. In: Wolf, H. (Hrsg.): Luthers Deutsch. Sprachliche Leistung und Wirkung. Frankfurt am Main / Berlin / Bern / New York / Paris / Wien, Peter Lang Europäischer Verlag der Wissenschaften 1996, S. 50

[49] zit. nach Berger, A. E.: Grundzüge evangelischer Lebensformung, Nach ausgewählten Schriften Martin Luthers. Leipzig, Niemeyer Verlag 1930, S. 276

also die Schriftsprache der sächsischen Kanzlei in eine mündliche Sprachform zu tradieren – aber trotz dieser „hörergebundenen Einfachheit" war Luthers Sprache keinesfalls kunstlos. Er verwendete geschickt Mittel der Rhetorik und entwickelte ein eigenständiges Gefühl für Sprache. Auffällig sind Synonyme, Steigerungen und rhetorische Figuren, die er häufig bei seiner Arbeit benutzte.

Außerdem verwendete Luther häufig Modalpartikel, die im ursprünglichen Text gänzlich fehlten. Diese machen seine Übersetzung plastischer und lebhafter.

Luthers Sprache wirkte schlussfolgernd durch einfache Klarheit und damit verbundene Lebendigkeit und orientierte sich hauptsächlich an der gesprochenen Sprache der Zeit.

2.2.3 Sprachausgleich

Luther bemühte sich in seinen Übersetzungen um eine Sprache, die sowohl im Norden als auch im Süden verstanden werden sollte – so sah er seine ostmitteldeutsche Mundart als ein Ideal.

Der Reformator milderte den stark obersächsischen Grundton seiner Sprache durch Zugeständnisse an das Oberdeutsche. Wenn er die Wirkung in die Ferne ermöglichen oder steigern wollte, musste er sich an einzelne Züge der oberdeutschen Kanzleisprache anlehnen. Die zentrale Lage Obersachsens im Herzen Deutschlands begünstigte diesen Ausgleich zwischen Nord und Süd.[50]

Das Ostmitteldeutsche hatte viele Gemeinsamkeiten mit den anderen vorherrschenden Sprachvarietäten des damaligen deutschsprachigen Raumes und galt deshalb als perfekt für Luthers Vorhaben.

Martin Luther stach besonders hervor, weil er mit seiner hörerorientierten ostmitteldeutschen Sprachwahl ein Gegengewicht zur damaligen Kanzleisprache schuf, welche sich mehr und mehr von der Sprache des Volkes entfernte.

Luthers sprachausgleichende Wirkung zeigte sich im Wortschatz, im Stil sowie in den Formen und Lauten, was ich zu einem späteren Zeitpunkt noch mal genauer betrachten möchte.

2.2.4 Arbeit an der äußeren Sprachform

Martin Luther bemühte sich nicht nur um den Sprachausgleich oder darum, die Sprache des „gemeinen Mannes" zu erreichen, sondern auch um seine eigene Sprache, die er ständig

---

[50] vgl. Kluge, F.: Luthers sprachgeschichtliche Stellung. In: Wolf, H. (Hrsg.): Luthers Deutsch. Sprachliche Leistung und Wirkung. Frankfurt am Main / Berlin / Bern / New York / Paris / Wien, Peter Lang Europäischer Verlag der Wissenschaften 1996, S. 51

weiter zu entwickeln und einheitlich zu gestalten versuchte. Walter Henzen gliederte diese Spracharbeit Luthers in drei Perioden:

Zu Beginn Luthers sprachlichen Schaffens, also in der ersten Periode, achtete er noch wenig auf die äußere Form und überließ die orthographische Gestaltung den Druckern in Wittenberg. In dieser Phase seines Schaffens verwendete er noch hauptsächlich „y" für „i" und kennzeichnete Umlaute noch nicht mit Supraskripten.

Die zweite Phase reichte vom Beginn der Arbeit am Septembertestament bis etwa 1531. Hier wird eine deutliche Entwicklung zu konsequenten Regeln sichtbar. In dieser Zeit neigten auch schon Kanzlei- und Druckersprachen zu einer stärkeren Vereinheitlichung. Dialektale Merkmale versuchte Luther von nun an direkt zu vermeiden und durch oberdeutsche Begrifflichkeiten zu ersetzen. Er behielt nur mundartliche Merkmale bei, die sich im bayrischen Raum ebenfalls wiederfanden.

Die dritte Phase setzt Henzen von 1531, dem Jahr von Luthers Vorbereitungen für den Druck der ersten vollständigen Bibelausgabe bis 1546 an. In dieser Zeit versuchte Luther die Regeln, die er sich selbst erschaffen hatte, konsequent durchzusetzen und Inkonsequenzen in seiner Übersetzung zu korrigieren. Hier schließt sich der Kreis der Entwicklung und Luther behielt dies bis zu seinem Tode bei.[51]

Martin Luther bemühte sich folglich fast sein gesamtes literarisches Leben lang um die Ausprägung sprachlicher Regelhaftigkeit und Konsequenz in der Schriftsprache.

2.3   Luthers Sprachmächtigkeit

Luther bediente sich zeitlebens der Sprache der sächsischen Kanzlei und keiner eigen erschaffenen Luthersprache. Was seine Sprache jedoch so besonders macht, ist, dass seine Sprache, obwohl sie viele seiner Zeitgenossen auch benutzen, einzigartig und wieder erkennbar in Stil und Wortwahl wurde. Im Folgenden soll nun die Luthersche „Sprachmächtigkeit" im Mittelpunkt stehen und genauer analysiert werden.

2.3.1   Wortschatz und Wortbildungen

Wie zuvor erläutert, gab es zu Luthers Zeiten große Sprachunterschiede in den verschiedenen deutschen Gebieten. Es gab somit keinen standardsprachlichen Wortschatz, der im gesamten Gebiet gültig gewesen wäre, dem Luther sich hätte bedienen können.

---

[51] vgl. Henzen, Walter: Luther, der Buchdruck und die Ausbreitung der nhd. Schriftsprache. In: Wolf, H. (Hrsg.): Luthers Deutsch. Sprachliche Leistung und Wirkung. Frankfurt am Main / Berlin / Bern / New York / Paris / Wien, Peter Lang Europäischer Verlag der Wissenschaften 1996, S. 69 - 77

Luther war am Anfang seines sprachlichen Schaffens eingebunden in seine Herkunftsregion – thüringische Raumbindung kann also angenommen werden. In früheren Übersetzungen verwendete Martin Luther also noch häufig Ausdrücke seiner Mundart, die längst nicht überall verstanden wurde. So verwendete er beispielsweise *ären* für ‚pflügen`, *Lunten* für ‚Lumpen`, *Barte* für ‚Beil`, *Kaff* für ‚Spreu`, *Schnur* für ‚Schwiegertochter`, *Seifer* für ‚Geifer` und *lecken* für ‚springen, hüpfen`.[52]

Wörter dieser Form, vor allem, wenn sie im deutschen Bibeltext vorkamen, wurden schon bald ersetz oder schon sehr früh von Luther mit einer Doppelform erklärt: *Kaff und sprewen; deyn geyffer und seyffer*. Die Doppelform als Wortaddition war signifikant für das 15. – 17. Jahrhundert und galt dort häufig als erstes strategisches Mittel einer sprachlandschaftlichen Grenzüberschreitung. Sie verlor ihre Funktion in dem Maße, in dem statt Addition Selektion eintrat, also, als sich der standardsprachliche Wortschatz stabilisierte, was aber ein langwieriger und schwieriger Prozess war.[53]

Luther musste sehr schnell auf dieses Wortschatzproblem aufmerksam geworden sein, denn schon 1523 wurde dem Nachdruck in Basel ein Wortglossar beigefügt, dessen Titelblatt ankündigte: „Die außlendigen wörter/ auff vnser teutsch angezeygt".[54] Die „ausländischen" Wörter blieben also weiterhin im Text bestehen und ihre Erklärung erfolgte im Glossar, in welchem etwa 200 Basiswörter aufgelistet wurden. Hier ein kleiner Auszug:

LUTHERISCH	BASLERISCH-ALLEMANNISCH
Bang	engstich
Darben	nott, armüt leyden
Mangel	gebresten
Heyradten	mannen, eelichen
hügel	gipfel, bühel
lippen	leffzen
schnür	sonsfraw
splitter	spreyß [55]

---

[52] vgl. Besch, W.: Die Rolle Luthers in der deutschen Sprachgeschichte: vorgetragen am 7. November 1998 / Werner Besch. Heidelberg, Universitätsverlag C. Winter 1999, S. 15

[53] vgl. Besch, W.: Die Rolle Luthers in der deutschen Sprachgeschichte: vorgetragen am 7. November 1998 / Werner Besch. Heidelberg, Universitätsverlag C. Winter 1999, S. 15 - 19

[54] zit. nach Besch, W.: Die Rolle Luthers in der deutschen Sprachgeschichte: vorgetragen am 7. November 1998 / Werner Besch. Heidelberg, Universitätsverlag C. Winter 1999, S. 18

[55] vgl. Besch, W.: Die Rolle Luthers in der deutschen Sprachgeschichte: vorgetragen am 7. November 1998 / Werner Besch. Heidelberg, Universitätsverlag C. Winter 1999, S. 18

Dieses letztlich oberdeutsche Glossar wurde alsbald in Augsburg, Nürnberg und Straßburg übernommen und fortgeführt, lief aber nach etwa 15 – 20 Jahren in den Bibeldrucken aus, das Lutherwort blieb jedoch unkommentiert, denn es stand ja in der Bibel. Der überregionale Wortschatzausgleich erhielt hier einen entscheidenden Anstoß durch Luther.

Der Vorgang der Wortauswahl dauerte zum Teil sehr lange. Neben der Gewinnseite gab es auch immer eine Verlustseite, die bis hin zum Worttod reichte. Viele Wörter verschwanden einfach, andere wurden in Mundarten abgedrängt, andere zu stilistischen Varianten umfunktioniert. „Alle diese waren ehemals vollgültig in den Schreibsprachen der vorangehenden Jahrhunderte akzeptiert. Das Verlustkonto im Oberdeutschen ist hoch, auch das im Niederdeutschen und am Mittel- und Niederrhein."[56]

Luthers Wortwahl in der Bibel war meist entscheidend - doch gab es auch immer Fälle der Verweigerung. Luther schwebte eben nicht über den Sprachgründen, denn er war regional eingebunden in seine Heimatsprache, manchmal sogar isolierend eng. Im Laufe seines Lebens erweiterte sich allerdings das Wissen über die Landschaftssprachen und ermöglichte ihm Korrekturen und neue Wahlmöglichkeiten.

Weiterhin charakteristisch für den Reformator Martin Luther war seine immense Wortbildungskraft. Er erschuf im Grunde genommen keine eigenen Wörter, sondern kombinierte bereits Bekanntes auf eine äußerst produktive Weise und sehr kreativ. Hier nun eine kurze Auflistung der Neubildungen Luthers (hier in neuhochdeutscher Schriftsprache):

NEUE WORTBILDUNGEN	
laut Werner Besch	Feuereifer, gottselig, lichterloh, Landpfleger, Wehmutter, Bauchdiener, Splitterrichter, Herzenslust, wetterwendisch, durchgeistet, nachjagen, zermalmen, deuteln, Morgenland, etc.[57]
laut Erwin Arndt	friedfertig, Sündenangst, Otterngezücht, Götzenknecht, Maulchrist, Lückenbüßer, Zinsgroschen, geistarm, plappern, Blutgeld, Schafskleider, etc.[58]

---

[56] Besch, W.: Die Rolle Luthers in der deutschen Sprachgeschichte: vorgetragen am 7. November 1998 / Werner Besch. Heidelberg, Universitätsverlag C. Winter 1999, S. 18
[57] vgl. Besch, W.: Die Rolle Luthers in der deutschen Sprachgeschichte: vorgetragen am 7. November 1998 / Werner Besch. Heidelberg, Universitätsverlag C. Winter 1999, S. 14
[58] vgl. Arndt, E.: Luthers deutsches Sprachschaffen. Berlin, Akademie-Verlag 1962, S. 170

Viele Neubildungen Luthers sind uns heute noch bekannt und gehören in unseren alltäglichen Wortschatz.

Eine große wortschöpferische Kraft sowie seine Wortgebundenheit sind charakteristische Merkmale Luthers sprachlichen Auseinandersetzung.

2.3.2 Semantische Unterschiede

Interessant zu betrachten sind auch die Veränderungen des Wortinhaltes, also der Bedeutung, durch Luther. Mitunter gehört hierher hauptsächlich die semantische Profilierung von zentralen Begriffen des Protestantismus:

WORT	BEDEUTUNG BEI LUTHER
richtschnur	Kanon, Regel
anfahren	heftig ansprechen
sich begeben	ereignen
beruf	Amt, Stand
götze	Abgott [59]

PROTESTANTISCHE BEGRIFFE
Glaube, Gnade, Sünde, Buße, gerecht, fromm, evangelisch[60]

2.3.3 Syntax

„Hinsichtlich der syntaktischen Muster in den Schreibsprachen des Mittelalters und in der späteren Schriftsprache spielen regionale Unterschiede so gut wie keine Rolle und das gilt natürlich ebenso für den Stil. Variation in beiden Bereichen verbindet sich am ehesten mit Textgattungen, nicht mit Sprachräumen. Das Einigungsproblem auf gesamtdeutschem Gebiet entfällt."[61]

„Alle syntaktischen Erscheinungen der Luthersprache sind auch im Sprachgebrauch der Vor- und Mitzeit Luthers nachweisbar, einige nur mitteldeutsch."[62] Er zeichnet sich zwar durch

---

[59] Erben, Johannes: Luther und die neuhochdeutsche Schriftsprache. In: Wolf, H. (Hrsg.): Luthers Deutsch. Sprachliche Leistung und Wirkung. Frankfurt am Main / Berlin / Bern / New York / Paris / Wien, Peter Lang Europäischer Verlag der Wissenschaften 1996, S. 140

[60] vgl. Besch, W.: Die Rolle Luthers in der deutschen Sprachgeschichte: vorgetragen am 7. November 1998 / Werner Besch. Heidelberg, Universitätsverlag C. Winter 1999, S. 14 - 15

[61] Besch, W.: Die Rolle Luthers in der deutschen Sprachgeschichte: vorgetragen am 7. November 1998 / Werner Besch. Heidelberg, Universitätsverlag C. Winter 1999, S. 21

[62] Schildt, J.: Die Sprache Luthers – Ihre Bedeutung für die Entwicklung der deutschen Schriftsprache. In: Vogler, G. (Hrsg.): Martin Luther. Leben. Werk. Wirkung. Berlin, Akademie-Verlag 1983, S. 321

einige ostmitteldeutsche Besonderheiten in der Syntax aus, ordnet sich jedoch im Ganzen der sprachlichen Tradition des gesamten hochdeutschen Sprachraumes ein, in dem offenbar ähnliche Entwicklungsbedingungen und –tendenzen sowie sprachlicher Ausgleich zu einem weitgehend übereinstimmenden Grundbestand an syntaktischen Erscheinungen geführt haben. Dabei wird – vor allem durch einen Vergleich der verschiedenen Fassungen der Bibelübersetzung zwischen 1522 und 1546 – auf verschiedenen Gebieten deutlich, dass Luther sich offenbar bestimmter sprachlicher Entwicklungstendenzen bewusst war und sie im Laufe der Zeit auch mehr oder weniger berücksichtigte. Luther versuchte seine Syntax im Laufe seines Schaffens „deutscher" und hörerorientierter zu gestalten. Hierfür nun einige Beispiele:

In der ersten Hälfte des 16. Jahrhunderts verstärkte sich die Tendenz, dass das Verb an der letzten Stelle im Gliedsatz positioniert wird. Vergleicht man beide Bibelausgaben, wird deutlich, dass Luther sich in seiner ersten Fassung noch nicht dieser Mode hingibt, während in der Bibelübersetzung von 1546 die finite Verbform ans Satzende rückt.

LUK. 7,3	
1522	„da er aber horet von Jhesu, …"
1546	„Da er aver von Jhesu höret, …"[63]

Weiterhin zu einer typischen Erscheinung des 16. Jahrhunderts gehört der Ausbau der Hypotaxe, der sprachlichen Gliederung in Hauptsätzen und den davon abhängige Nebensätzen.

MARK. 8, 25	
1522	„vnd er ward widder zu recht bracht, vnnd sahe scharff allerley"
1546	„Vnd er ward wider zu rechte bracht, das er alles scharff sehen kundte"[64]

Hier ist nun deutlich geworden, dass die Parallelen zur lateinischen Syntax mehr und mehr an Gewicht verloren haben und eine Grammatik mit eher deutsch-typischen Merkmalen in den Vordergrund rückt.

2.3.4 Orthographie

Auch in der Orthographie wird eine Entwicklung innerhalb der Bibelübersetzungen deutlich. Es fehlte einfach an einer verbindlichen Norm, so dass ein und dasselbe Wort in zum Teil sehr unterschiedlichen Formen aufzufinden ist. „Begegneten 1523 bei Luther noch 14

---

[63] Schildt, J.: Die Sprache Luthers – Ihre Bedeutung für die Entwicklung der deutschen Schriftsprache. In: Vogler, G. (Hrsg.): Martin Luther. Leben. Werk. Wirkung. Berlin, Akademie-Verlag 1983, S. 322
[64] Schildt, J.: Die Sprache Luthers – Ihre Bedeutung für die Entwicklung der deutschen Schriftsprache. In: Vogler, G. (Hrsg.): Martin Luther. Leben. Werk. Wirkung. Berlin , Akademie-Verlag 1983, S. 322

Schreibweisen von Wittenberg, so fanden sich 1535 noch vier und ab 1542 nur noch zwei, nämlich *Wittemberg* und *Vuittenberg*".[65]

Vor 1522/23 kümmerte sich Luther kaum um Fragen der Rechtschreibung und überließ die Gestaltung des Schriftbildes weitgehend den Druckereien und deren Korrektoren. Auf Grund des Fehlens von verbindlichen Normen konnte es so weit kommen, dass die Drucker Luthers Handschriften nicht immer buchstabengetreu wiedergaben, sondern gelegentlich nach eigenem Ermessen änderten. „Seit Mitte der 20er Jahre schenkte Luther dieser formalen Seite mehr Aufmerksamkeit; die Bücher mussten nach seinen Grundsätzen gedruckt werden. Er entwickelte in Übereinstimmung mit den Druckern und Korrektoren eigene Grundsätze der Schreibung; dabei ist nimmer immer sicher festzustellen, ob diese von ihm angeregt worden sind oder ob er den Hinweisen der Drucker folgte."[66]

Auch hinsichtlich der Groß- und Kleinschreibung zeichnete sich zwischen 1517 und 1546 eine Entwicklung in Richtung auf moderne Prinzipien ab. Anfangs wurde nur bei Satzanfängen und bei denjenigen Wörtern, denen besondere Bedeutung im Satz beigemessen wurde, ein großer Anfangsbuchstabe gesetzt. So wurden Eigennamen und vor allem bestimmte religiöse Bezeichnungen wie „Gott" oder „Herr" groß geschrieben. Entscheidend war nicht die grammatische Funktion des Wortes, sondern dessen Bedeutung für den Sinn des Ganzen. Der Hauptträger des Sinns war aber meist ein Substantiv, dessen Großschreibung innerhalb des genannten Zeitraums ständig zunahm, wie der folgende Vergleich eines Ausschnittes aus dem 17. Psalm in der Fassung von 1524 und 1545 deutlich macht:

1524	1545
„Er ist gleych wie eyn lewe,	„Gleich wie ein Lewe, der
der des raubs begerd wie	des Raubs begert
eyn iünger lewe der ynn der	Wie ein junger Lewe
hule sitzt. Herr mach dich auff	der in der hüle sitzt.
vberweldige yhn vnd demutige	Herr mache ich auff
yhn, errette meyne seele von	vberweldige jn, vnd demütige jn
den gottlosen mit deynem schwerd"	Errette meine Seele von
	dem Gottlosen, mit deinem schwert"[67]

[65] Schildt, J.: Die Sprache Luthers – Ihre Bedeutung für die Entwicklung der deutschen Schriftsprache. In: Vogler, G. (Hrsg.): Martin Luther. Leben. Werk. Wirkung. Belin, Akademie-Verlag 1983, S. 318

[66] Schildt, J.: Die Sprache Luthers – Ihre Bedeutung für die Entwicklung der deutschen Schriftsprache. In: Vogler, G. (Hrsg.): Martin Luther. Leben. Werk. Wirkung. Berlin, Akademie-Verlag 1983, S. 319

[67] Schildt, J.: Die Sprache Luthers – Ihre Bedeutung für die Entwicklung der deutschen Schriftsprache. In: Vogler, G. (Hrsg.): Martin Luther. Leben. Werk. Wirkung. Berlin, Akademie-Verlag 1983, S. 319

Der Gliederung der Rede diente nicht nur die Großschreibung, sondern auch die Zeichensetzung. Luthers Satzzeichen – er verwendete den Punkt, den Doppelpunkt, das Fragezeichen, gelegentlich das Semikolon und die Virgel, einen Schrägstrich – wurden noch nicht – wie im modernen Deutsch – zur logisch-grammatischen Gliederung des Satzes herangezogen, sondern waren Redehinweise für die rhythmische Gliederung des gesprochenen Wortes. Den Punkt setze er in der Regel nur am Ende eines längeren Absatzes; diesen gliederte er mit Virgeln. Sie wurden bei Atempausen, die man bei sinnvollem Vorlesen machte, gesetzt, fassten also eher zusammengehörige Wortgruppen und Satzteile zusammen als ganze Sätze.[68]

Eine geregelte, heutigen Prinzipien entsprechende Zeichensetzung setzt sich erst im Laufe des 17. Jahrhunderts durch.

Deutlich wird hier, dass Luther sich erst im Laufe seines literarischen Schaffens Regelhaftigkeiten und Konventionen zu Nutze macht und in seiner Entwicklung eine Normentstehung aufzufinden ist.

Luthers literarisches Schaffen ist durch Neuerungen in Wortbildung und Wortschatz geprägt, sowie durch das Befolgen von Entwicklungen und ihren Tendenzen in Syntax und Orthographie.

3 Wirkung Martin Luthers

Nachdem ich nun die wichtigsten Merkmale Luthers Spracheschaffens und seiner Sprache erläutert habe, möchte ich mich nun der unglaublichen Erfolgsgeschichte seiner Bibelübersetzung widmen.

3.1 Die Bibelübersetzung

3.1.1 Entstehung

Der Reformator führte, nachdem er die 95 Thesen zum Ablasshandel veröffentlichte, einen langen Streit mit der katholischen Kirche, die seine Schriften unterbinden wollte, jedoch auf Grund der enormen Treue des Volkes zu Luther nicht konnte. Am 25. Mai wurde dann von einer Reichstagsminderheit lutherfeindlicher Reichsstände das von Karl V. präsentierte „Wormser Edikt" angenommen. Auf den 8. Mai datiert sollte es den Eindruck erwecken, als sei über Luther kraft Mehrheitsbeschlusses die Reichsacht verhängt worden. Der Gebannte und nunmehr auch Geächtete befand sich indessen längst in Sicherheit, denn auf Weisung

---

[68] vgl. Schildt, J.: Die Sprache Luthers – Ihre Bedeutung für die Entwicklung der deutschen Schriftsprache. In: Vogler, G. (Hrsg.): Martin Luther. Leben. Werk. Wirkung. Berlin, Akademie-Verlag 1983, S. 319

Friedrichs des Weisen hatte Spalatin nahe Liebenstein einen Scheinüberfall auf Luther vorgenommen, welcher so für die Öffentlichkeit spurlos verschwand und dem Zugriff von Kaiser und Kurie entzogen wurde.

Dem „Junker Jörg" -unter diesem Decknamen lebte Luther nun kurzzeitig- boten die Mauern der kursächsischen Wartburg unweit Eisenach Schutz vor der Vollstreckung von Bann und Acht. Hinter diesen Mauern begann er nun auch sein Werk, mit dem er entscheidend zur Entwicklung einer einheitlichen deutschen Schriftsprache als eines wichtigen Elementes der werdenden deutschen Nation beitragen sollte: die Übersetzung der Bibel.[69]

Er stütze sich bei seiner Übersetzung auf den griechischen Bibeltext von Erasmus und auf dessen „Annotations". Zusätzlich benutzte er auch die lateinische Übersetzung des Erasmus, um die Vulgata zu korrigieren.

Luther fertigte die erste Fassung seiner Übersetzung des neuen Testaments in nur 11 Wochen an und auch die weitere Bearbeitung mit Hilfe seiner Wittenberger Freunde, Melanchthon, Justus Jonas, Kaspar Cruciger, Johann Bugenhabgen und anderen, ging zügig voran. [70]

So konnte noch im selbigen Jahr die Übersetzung des neuen Testaments veröffentlicht werden, bekannt unter der Bezeichnung „Septemberbibel". Es wurden 3000 Exemplare gedruckt und schon im Dezember war auf Grund der großen Nachfrage eine Neuauflage erforderlich.[71]

Noch während des Druckes der Übersetzung des Neuen Testaments begann Martin Luther mit der Arbeit am Alten Testament, welches 1534 vollständig und als sogenannte „Vollbibel" vorlag.

Die Arbeit an der Übersetzung war zeitweise eine anstrengende – oft suchte Luther ganze Tage nach einer passenden Übertragung, die dem Volk verständlich sein könnte – aber auch eine sehr wirkungsvolle, was das nachfolgende Kapitel über die Verbreitung der Lutherbibel aufzeigen wird.

3.1.2 Verbreitung und Wirkung

Die Bibelverbreitung ist eine unglaubliche Erfolgsgeschichte. Wittenberg allein verzeichnet von 1522 – 1546 zehn Auflagen der Vollbibel und rund 80 Teilausgaben, vornehmlich des

---

[69] vgl. Fläschendräger, W.: Martin Luther. Bildbibliographie. Leipzig, VEB Bibliographisches Institut 1982, S. 46 - 49
[70] vgl. Fläschendräger, W.: Martin Luther. Bildbibliographie. Leipzig, VEB Bibliographisches Institut 1982, S. 49 - 50
[71] vgl. Fläschendräger, W.: Martin Luther. Bildbibliographie. Leipzig, VEB Bibliographisches Institut 1982, S. 53

Neuen Testaments. Im gleichen Zeitraum entstehen 260 auswärtige Nachdrucke sowie 90 niederdeutsche Ausgaben.[72]

„Nach vorsichtigen Schätzungen waren etwa eine halbe Million Lutherbibeln im Umlauf, bezogen auf 12-15 Millionen Einwohner damals. Diese Zahl ist gewaltig im Vergleich zum Mittelalter und lässt auch bereits die unerhörte soziale Breitenwirkung für die damalige Zeit erahnen."[73]

Selbst Luthergegner mussten sich eingestehen, wie stark die Übersetzung Luthers in allen Bevölkerungsschichten verbreitet war. So schrieb Johannes Cochlaeus 1549 in einem Rückblick Folgendes (Übersetzung aus dem Lateinischen):

„[...] war Luthers Neues Testament durch die Buchdrucker dermaßen gemehrt und in so großer Anzahl ausgesprengt, also dass auch Schneider und Schuster, ja auch Weiber und andere einfältige Idioten, soviel deren dies neue lutherische Evangelium angenommen, wenn sie auch nur wenig Deutsch auf einem Pfefferkuchen lesen gelernt hatten, dieselbe gleich als einen Brunnen aller Wahrheit mit höchster Begierde lasen. Etliche trugen dasselbe mit sich im Busen herum und lernten es auswendig."[74]

Hier wird aufgezeigt, wie gierig die Menschen damals nach Luthers Wort waren. Selbst diejenigen, denen das Lesen schwer fiel, versuchten, den Text aufzunehmen und Stellen auswendig zu lernen. Alle Bevölkerungsschichten eiferten sich um den Text und wollten ihn lesen sowie verstehen.

Im 17. Jahrhundert kam es zu einer Stagnation und damit verbunden zu einem Verlust der wittenbergischen Vorrangstellung im Bibeldruck - bedingt durch den 30jährigen Krieg mit seinen lang nachwirkenden Folgen.

Doch schon im 18. Jahrhundert erlebt die Bibelverarbeitung einen ungeahnten Höhepunkt. Carl Hildebrand Freiherr von Canstein gründet die Cansteinische Bibel-Anstalt zu Halle a.d Saale und entwickelt 1712/13 den Stehsatz, der etwas ganz Revolutionäres darstellte. Dank dieses Stehsatzes wurde es nämlich möglich, mittels einer Drucktafel immer wieder den gleichen Abdruck zu machen, ohne jedes Mal die Buchstaben neu setzen zu müssen. Man bewahrte also die ganzen Drucktafeln für immer neue Abdrucke auf. Dadurch erhielt der Bibeltext nun zusätzlich eine Note der unverwechselbaren sprachlichen Stabilität.

---

[72] vgl. Besch, W.: Die Rolle Luthers in der deutschen Sprachgeschichte: vorgetragen am 7. November 1998 / Werner Besch. Heidelberg, Universitätsverlag C. Winter 1999, S. 27

[73] Besch, W.: Die Rolle Luthers in der deutschen Sprachgeschichte: vorgetragen am 7. November 1998 / Werner Besch. Heidelberg, Universitätsverlag C. Winter 1999, S. 27

[74] zit. nach Besch, W.: Die Rolle Luthers in der deutschen Sprachgeschichte: vorgetragen am 7. November 1998 / Werner Besch. Heidelberg, Universitätsverlag C. Winter 1999, S. 28-29

Weiterhin verzichtete Canstein gänzlich auf Bilderschmuck und ermöglicht so in Zusammenarbeit mit den Anstalten des Waisenhauses in Halle eine in diesem Ausmaß nicht für möglich gehaltene Senkung des Bibelpreises.

Dank des neu entwickelten Stehsatzes wurden mehr und mehr Bibeln gedruckt - die Bibel wurde nun erschwinglich für jedermann und es wurden immense Druckzahlen erreicht.[75]

1775 waren bereist über eine Million Vollbibeln und über 700.000 Neue Testamente im deutschsprachigen Gebiet im Umlauf.

Gut 100 Jahre später waren es schon 5,8 Millionen Cansteinische Bibeln und Bibelteildrucke, die im gesamten Raum verbreitet waren.

„Die Bibel wird das Unterrichtsbuch der Nation, über Jahrhunderte vielfach das einzige Buch in Schule und Haus. An ihr lernt man buchstabieren, lesen, schreiben. Kerntexte der Bibel, die Lieder, der Katechismus werden auswendig gelernt, gerade auch vom Volk, von einfachen Leuten." [76] Es kam zu einer nationalen Aneignung der Bibel, zu einer Akzeptanz in Kopf und Herz des Volkes.

Entsprechend dieser nationalen Akzeptanz verlief auch die sprachlandschaftliche. Durch die vermehrte Lektüre der Lutherbibel blieb auch die Sprache mehr und mehr an den Menschen haften. Durch die weite und erschwingliche Verbreitung des lutherischen Textes nahm sich die Bevölkerung dieser Luthersprache allmählich an und es kam fortwährend zu einer Vereinheitlichung der deutschen Schriftsprache. Das grenzt an ein Wunder in einer so regional geprägten und zersplitterten Sprachlandschaft. Man kann mit der Zeit fast von einer schriftsprachlichen Einheit von den Küstenregionen im Norden bis zu den Alpen reden.

Aber auch in anderen Ländern, wie Frankreich, Spanien oder England wurde eine solche Vereinheitlichung erreicht – meist sogar schon wesentlich früher. Doch darf die deutsche Sprache hier eine Sonderstellung einnehmen, denn das Besondere ist, dass die Vereinheitlichung hier nicht von einer dominanten Zentralregion ausging, nicht von Dynastien, nicht von einer weltlichen Macht… sondern letztlich von der Bibel. „Ein autoritativer Text tritt an die Stelle von sonst üblichen Autoritäten. Das ist der deutsche Sonderweg im Vergleich etwa mit Frankreich, Spanien, England. Er beanspruchte einen größeren Zeitablauf und gewisse Ablaufstadien […]."[77]

---

[75] vgl. Besch, W.: Die Rolle Luthers in der deutschen Sprachgeschichte: vorgetragen am 7. November 1998 / Werner Besch. Heidelberg, Universitätsverlag C. Winter 1999, S. 29

[76] Besch, W.: Die Rolle Luthers in der deutschen Sprachgeschichte: vorgetragen am 7. November 1998 / Werner Besch. Heidelberg, Universitätsverlag C. Winter 1999, S. 31

[77] Besch, W.: Die Rolle Luthers in der deutschen Sprachgeschichte: vorgetragen am 7. November 1998 / Werner Besch. Heidelberg, Universitätsverlag C. Winter 1999, S. 31

Diese Ablaufstadien charakterisiert Besch folgendermaßen:

1.) Luthers Sprache in der Bibel und seinen Schriften gründet ansatzweise auf einem ersten ostmitteldeutsch-ostoberdeutschen Ausgleich. Luther selbst verstärkt diesen Ausgleich noch erheblich, insbesondere durch seine Wortwahl.

2.) Um 1522/23 setzt in Oberdeutschland der Nachdruck des Neuen Testaments mit hinzugefügten Wortlisten ein. Nach ca. 20 Jahren verschwinden diese Glossare wieder, aber der Luthertext bleibt.

3.) Um 1620 läuft der niederdeutsche Bibeldruck aus. Norddeutschland, das Gebiet der Hanse-Sprache, tritt in Etappen der hochdeutschen Sprache bei. Damit erweitert sich natürlich das Geltungsgebiet der neudeutschen Sprache erheblich.

4.) Retardierend wirkt die Gegenreformation in der 2. Hälfte des 16. und 17. Jahrhundert (Lutherbibel-Verbot, Konfiszierung ketzerisch verdächtiger Schriften, Strafen). Sprachformen werden konfessionalisiert; das katholische Oberdeutschland hält an gewissen eigenen meist älteren Sprachformen fest.

5.) Um 1750 tritt das katholische Oberdeutschland (im wesentlichen Bayern und Österreich) endgültig der neuen Schriftsprache bei, wesentlich angestoßen durch die Aufklärung.

6.) Eine entsprechende Konvergenz zeichnet sich dann auch in der deutschsprachigen Schweiz ab, die ja eine eigene zwinglianische Bibelübersetzungstradition hat. [78]

Das deutschsprachige Gebiet ist also einen anderen Weg der Vereinheitlichung gegangen – einen Weg ausgelöst durch ein „einziges Buch" – die Bibel.

4 Martin Luther – ein Glücksfall in der deutschen Sprachgeschichte?

Der Lutherbibel und Martin Luther verdankt das große und dialektal extrem untergliederte deutsche Sprachgebiet letztlich eine Einheit der Schriftsprache. „Kein anderer Text hätte dies bewirken können. Kein anderer Text hat zudem mit seiner Sprache so intensiv auf die Literatur eingewirkt, wie Luthers Bibeldeutsch. Dies bezeugen Dichter und Denker unserer Geistesgeschichte in vielen Äußerungen. Das ist das große Erbe bis heute."[79]

Diese Aussage ist differenziert zu betrachten, denn es war nicht allein Luthers Übersetzung, sondern es waren viele Faktoren, die zusammengewirkt haben, daran beteiligt.

Zum einen sind die Herkunft Luthers aus einer sprachgeographischen Mittellage sowie seine gute und elitäre Ausbildung wesentliche Faktoren, die der Vereinheitlichung dienlich waren.

---

[78] vgl. Besch, W.: Die Rolle Luthers in der deutschen Sprachgeschichte: vorgetragen am 7. November 1998 / Werner Besch. Heidelberg, Universitätsverlag C. Winter 1999, S. 31 - 32

[79] Besch, W.: Die Rolle Luthers in der deutschen Sprachgeschichte: vorgetragen am 7. November 1998 / Werner Besch. Heidelberg, Universitätsverlag C. Winter 1999, S. 35

Weiterhin war die Erfindung und Etablierung des Buchdruckes wesentlich beteiligt an dem Vereinheitlichungsprozess. Ohne die großen Produktionen und daraus folgenden Absätze wäre das Lutherwort nie in den Mengen verbreitet worden und das Volk hätte nicht die Möglichkeit besessen, die Übersetzung kennenzulernen. Der Buchdruck ermöglichte eine Verbreitung der Lutherübersetzung ins gesamte deutschsprachige Gebiet und war wohl somit der wichtigste Faktor, um eine Vereinheitlichung überhaupt durchzusetzen.

Allgemein lebte Luther in einer günstigen Zeit – durch den Aufstieg der Städte und des Bürgertums bildete sich ein neues literarisches Publikum heraus und somit eine verbreitetere Leserschaft.

Doch diese vielen glücklichen Zufälle der damaligen Zeit sollen Luthers Einfluss nicht schmälern. Die Entdeckung der Kernbotschaft des Neuen Testaments und die drauf folgende ergreifend formulierte Übersetzung für das gesamte deutschsprachige Volk sind eine Leistung, die Luther genau den Ruhm verdienen lassen, den er noch heute post mortem erntet.

Luthers Bedeutung für die deutsche Schriftsprache und ihre Entwicklung besteht in erster Linie darin, dass es ihm gelang, ihre Aussage und Ausdruckskraft und damit ihr Allgemeinverständlichkeit zu erhöhen. Bei diesem Anliegen, um das sich auch seine Zeitgenossen bemühten, kamen ihm sein ausgeprägter Sinn für sprachliche Fragen sowie seine persönliche sprachgestalterische Begabung zu Gute. Er hat also wesentlich dazu beigetragen, dass die kommunikative Funktion der deutschen Schriftsprache verbessert wurde.

Sein hervorragendes Gefühl für Sprache, seine Bemühungen um Regelhaftigkeiten in der Orthographie, seine bewusste Vermeidung von Fremdwörtern, seine enorme Wortbildungskraft und die Benutzung einer aussagekräftigen und hörerorientierten Syntax – alles Aspekte, die wesentlich zur Vereinheitlichung der deutschen Schriftsprache dienten. „Und nicht nur in der Bibel, die ja wohl Luthers Lebenswerk geworden ist, auch in den übrigen Schriften erhält seine Sprache eine wohltuende Wärme vermöge ihrer kernigen Frische und volkstümlichen Bildhaftigkeit. Luther sieht in der Tat dem Volk aufs Maul, er beseelt mit Hilfe der Volkssprache die neuhochdeutsche Schriftsprache [...].“ [80]

Weiterhin sind seine fruchtenden Bemühungen um einen Sprachausgleich hier zu erwähnen. Entscheidend ist weiterhin die Wirkung der Übersetzung auf die Bevölkerung. Mit Akribie wurde der lutherische Text im Volk akzeptiert. „Nach de Saussure ist Sprache definiert als Absprache, als Konvention. Eine Sprachgemeinschaft einigt sich, mit bestimmten Lautketten

---

[80] Henzen, Walter: Luther, der Buchdruck und die Ausbreitung der nhd. Schriftsprache. In: Wolf, H. (Hrsg.): Luthers Deutsch. Sprachliche Leistung und Wirkung. Frankfurt am Main / Berlin / Bern / New York / Paris / Wien, Peter Lang Europäischer Verlag der Wissenschaften 1996, S. 76

bestimmte Bedeutungen zu verbinden. Es bedarf dieser Übereinkunft vieler."[81] Luther allein ist also nicht Schöpfer der Vereinheitlichung selbst, sondern eher seine Bibelübersetzung, denn genau diese entwickelte die Langzeitwirkung, ausgestattet mit der Autorität des Wortes Gottes. Sie bewirkte sprachliche Übereinkunft in einem sprachdisparaten Land. Kein Mensch, keine andere Macht, kein weltlicher Text hätte dies vermocht. „Im ganzen Bereich der deutschen Literatur hat es nicht seines Gleichen. So hat auch kein anderes Buch eine gleich hohe Stellung in der Geschichte der deutschen Sprache. Aber wenn Luther bestimmend auf Lautgebung und Wortschatz der deutschen Sprache eingewirkt hat und für den Stil unserer größten Dichter und Schriftsteller ein wegweisendes Vorbild geblieben ist, so gründet sich diese hohe Bedeutung für unsere Sprache auf die Deutschheit seines ganzen Wesens. Seit Walter von der Vogelweide hat die deutsche Literatur keinen so warmen Patrioten unter unsern Schriftstellern wieder gesehen."[82]

Bis heute noch hat die Bibelübersetzung Luthers Gewicht und ist momentan in der der 3. kirchenamtlichen Revision zu erhalten. Es ist ein zeitloses und klassisches Werk geworden. Klassisch kann man dieses Werk nennen, um dessen Gestaltung sich Luther sein Leben lang bemüht hat, auch deshalb, weil die Bibel zu einer Art Fibel geworden ist und noch heute unseren Zitatenschatz bereichert – „Der Geist ist willig, aber das Fleisch ist schwach." (Matth. 26, 41) oder „Wer Pech angreift, besudelt sich." (Sir. 13,1).

Das Zusammenwirken subjektiver und objektiver Faktoren war letztlich ausschlaggebend für die sprachliche Wirksamkeit Luthers und damit für seine Bedeutung für die Entwicklung der deutschen Schriftsprache. Luther war ein wichtiges Kettenglied in einer langen und komplizierten Entwicklung auf dem Weg zu einer nationalen Schriftsprache; er hat einen Prozess durch seine persönliche sprachliche Leistung, die von seiner gesellschaftspolitischen nicht zu trennen ist, vorangetrieben und ihm sowohl zu Lebzeiten als auch in späteren Jahrhunderten durch das Nachwirken seines Sprachschaffens entscheidende Impulse verliehen.

Es war meine Absicht zu zeigen, dass Martin Luther für eine entscheidende Stellung in der Sprachgeschichte aufs beste gerüstet war, dass ihn der zufällige Umstand seiner mitteldeutschen Herkunft, seine Veranlagung für sprachliche Beobachtung, der Fleiß und die

---

[81] Besch, W.: Die Rolle Luthers in der deutschen Sprachgeschichte: vorgetragen am 7. November 1998 / Werner Besch. Heidelberg, Universitätsverlag C. Winter 1999,, S. 35

[82] Kluge, F.: Luthers sprachgeschichtliche Stellung. In: Wolf, H. (Hrsg.): Luthers Deutsch. Sprachliche Leistung und Wirkung. Frankfurt am Main / Berlin / Bern / New York / Paris / Wien, Peter Lang Europäischer Verlag der Wissenschaften 1996, S. 52

Sorgfalt, welche er der Sprache zuwendete, und die Genialität, mit der er dieselbe zu handhaben verstand, befähigten, für die deutsche Schriftsprache das zu werden, was er geworden ist – zweifelsohne ein Glücksfall der deutschen Sprachgeschichte.

5 Literaturverzeichnis

Arndt, Erwin: Luthers deutsches Sprachschaffen. Berlin, Akademie-Verlag GmbH 1962

Arndt, Erwin / Brandt, Gisela: Luther und die deutsche Sprache. Wie redet der Deudsche man jm solchen fall? Leipzig, VEB Bibliographisches Institut Leipzig 1983

Berger, Arnold E.: Grundzüge evangelischer Lebensformung, Nach ausgewählten Schriften Martin Luthers. Leipzig, Niemeyer Verlag 1930

Besch, Werner: Die Rolle Luthers in der deutschen Sprachgeschichte: vorgetragen am 7. November 1998 / Werner Besch. Heidelberg, C. Winter Universitätsverlag 1999

Fläschendräger, Werner: Martin Luther. Bilbbiographie. Leipzig, VEB Bibliographisches Institut Leipzig 1982

Herold, Ulrich: Was haben wir von Martin Luther? Gespräche zu Person und Werk. Halle; Leipzig, Mitteldeutscher Verlag 1984

Killy, Walther (Hrsg.): Literaturlexikon. Autoren und Werke deutscher Sprache. Gütersloh/München, Bertelsman Lexikon Verlag 1990

Kolb, Winfried: Die Bibelübersetzung Luthers und ihre mittelalterlichen deutschen Vorgänger im Urteil der deutschen Geistesgeschichte von der Reformation bis zu Gegenwart. Ein Beitrag zur Wirkungsgeschichte Luthers. Saarbrücken, Inaugural-Dissertation 1972

Scheuringer, Hermann: Geschichte der deutschen Rechtschreibung. Ein Überblick. Wien, Verlag Edition Praesens 1996

Vogler, Günter (Hrsg.): Martin Luther. Leben. Werk. Wirkung. Berlin, Akademie-Verlag 1983

Wolf, Herbert (Hrsg.): Luthers Deutsch. Sprachliche Leistung und Wirkung. Frankfurt am Main; Berlin; Bern; New York; Paris; Wien, Peter Lang Europäischer Verlag der Wissenschaften 1996

Bibelausgabe: Lutherbibel 1545. Übersetzt von Dr. Martin Luther aus dem Textus Receptus. http://lutherbibel.net/biblia2, 19.07.2007 16:52